GESEGNETE WEIHNACHT

Wünsche und Gedanken

ausgewählt und zusammengestellt
von Claudia Peters

FÜRCHTE DICH NICHT!

Ich wünsche dir,
dass dir hin und wieder
ein Engel begegnet.

Er spricht
in deine Angst
in deine Dunkelheit
in deine Einsamkeit

Er spricht
in dein Warten
in dein Verzagen
in deine Sehnsucht

Er umarmt dich
und sagt dir
sein Lichtwort zu:
Fürchte dich nicht!

Tina Willms

WUNSCHSTERN

Unzählig wie die Herde der Sterne
sind meine guten Wünsche für dich.
Einer jedoch hebt sich deutlich ab,
steigt zu dir in dein Herz hinab.
Nachtleuchtend soll er dich begleiten
durch alle deine Dunkelheiten,
die Zweifel an deinem Himmel erhellen,
deine Füße auf festen Boden stellen.
Dich trösten und stärken
mit dem einzigen Licht,
das wahren, inneren Frieden verspricht.

Angelika Wolff

DIE HOFFNUNG UMARMEN

Ein Lebenshaus mit hellen Fenstern, Traumtüren gänzlich
unverriegelt und einem luftigen, grünen Blätterdach für
deine zarte, schutzbedürftige Seele

ein waches Herz, das dir das Tor zum Morgen offen hält,
immer die Ahnung eines Himmels in deiner pochenden
Brust
und einen sich stetig und wundersam erweiternden
Horizont

die Gestaltungskraft des Werdens, hin und wieder auch
kühne Gedanken, die den Rahmen des Üblichen sprengen
und zugleich mutige Hingabe an das, was du tust

einen fröhlichen Engel, der deinen Bedenken Flügel
verleiht,
gelingende Beziehungen und offene Arme, die bereit sind,
die Hoffnung zu umarmen, wann immer sie dir begegnet:

Das sind meine aufrichtigen Wünsche und Bitten für dich!

Angelika Wolff

STELL DIR VOR…

Stell dir vor,
Gott wird Mensch
und Maria ist taub,
Josef verbittert
und kein Hirte geht hin.

Na dann:
Prost,
Mahlzeit,
frohe Weihnachten
und gute Nacht!

Es müsste
ein Engel kommen,
der uns wachrüttelt
und sagt:
Gott ist nah!

Reinhard Ellsel

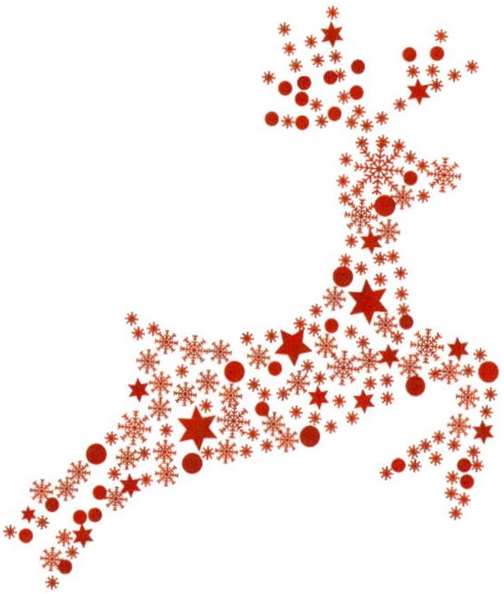

AUFS NEUE BEGINNEN

wir mögen
aufgeben wollen
die hände in den schoß legen
die welt sich selbst überlassen

du aber
gott
wirst nicht müde, sondern
fängst
in jedem kind
mit deiner schöpfung
von vorn an

kommst
zur welt
um aufs neue
die einmalige
erfahrung zu machen
ein mensch zu sein

und rührst so
unser herz an
dass wir aufs neue beginnen
das leben
zu lieben

Katja Süß

WEIHNACHT

wenn unter all dem Trubel
die Zeit
für eine Kerze brennt –
wenn in dem Außen-Laufen
der Mensch den Sinn
des Festes kennt –
wenn Lieder noch gesungen
und neu erlernt
das Inne-Gehn –
dann kann es Weihnacht werden –
das Wunder wird geschehn

Regina Giese

Gott, der Herr,
lasse seinen Weihnachts-Frieden
in dir fortwirken.
Er lasse dich
alle neuen Herausforderungen
in Frieden
angehen und verarbeiten.
Er lasse dich
ohne Angst und Hetze,
ohne Stress und Sorgen
arbeiten und ruhen,
ernst und fröhlich sein.
Denn er hat deine Seele sehen lassen
das Geheimnis der Welt,
seine Freundlichkeit.

Reinhard Ellsel

IM LICHT STEHEN

Wünschen möchte ich dir,
dass du leben darfst
und im Licht stehen,
auch wenn es Winter wird.

Denn die Jahreszeiten haben ihre Gesetze,
und auch der Frost hat seinen Sinn.
Auch die Liebe muss es aushalten,
zuzeiten, dass sie schweigt,
dass sie sich nach innen wendet.

Auch der Glaube braucht Zeiten,
in denen er schweigt und sich verschließt.
Auch die Seele braucht Zeiten des Hörens,
in denen Gottes Gedanken sie finden.

Ich wünsche dir,
dass du auch das Eis des Winters erlebst
als eine Herrlichkeit von Gott.

Jörg Zink

GEBET UM FREUDE

Mein Gott, zur Weihnacht
bitt ich Dich um Freude –
Nicht um die große himmlische,
sondern um die kleine irdische Freude,
die mein Herz beschwingt,
mich froh und heiter macht,
mich lachen und singen lässt.
Gib mir menschliche Freude!

Um Deine Freude bitte ich Dich, mein Gott,
die mir ein Lächeln schenkt,
für mich selbst,
wenn ich mich so bitterernst nehme;
ein gutes Lächeln für die andern,
die mir gut und die mir gram sind,
die mir vorgesetzt und die mir unterstellt sind.
Gib mir eine Freude, die Ärger und Zorn besiegt!

Um eine Freude bitte ich Dich, mein Gott,
die um sich greift
und die Schwermut durchdringt
und den Stumpfsinn verjagt
und die Traurigkeit erhellt
und die Starrheit löst.
Gib mir eine strahlende Freude!

Mein Gott, zur Weihnacht
hast du allen Menschen große Freude zugesagt.
Gib mir die Freude darüber,
dass ich als Mensch von dir leben darf,
dass ich andern Menschen
zur Seite stehen darf,
dass Du Mensch unter Menschen geworden bist.
Gib mir die Freude der Weihnacht!

Verfasser unbekannt

Weihnachten ist nicht
meine Erwartung an Dich
oder deine Erwartung an mich,
sondern ist unsere Erwartung an Ihn,
der mit seiner Menschlichkeit,
seinem Segen und seiner Liebe
in unsre Mitte kommt.

Margareta Hansson

WEIHNACHTSSEGEN

Der helle Stern
der Menschwerdung Jesu Christi
möge dich voll treffen,
damit dein Herz sich öffnet,
du den Atem Gottes spürst
und dein Mund überfließt
vor Lob, Dank und Anbetung.
Jesus ist geboren.
Er bringt seinem Volk
Frieden und Hoffnung.

Deine Sorgen, Ängste
Traurigkeiten und Ungereimtheiten
darfst du bei der Krippe ablegen,
ebenfalls deine Fehler und
bösen Gedanken,
damit du Vergebung
erlangst und weitergeben kannst
an Menschen, die dir etwas
Unverzeihliches angetan haben.
Liebe und Verständnis mögen
in dir wachsen.

So segne dich der treue Gott
und lasse den Schirm seiner Gnade
über dir weit aufgespannt sein.
Halleluja.
Ehre sei Gott in der Höhe.

Und vergiss es nicht: Gott liebt dich!

Amen.

Waltraud Thomas

WEIHNACHTSWÜNSCHE FÜR GOTTSUCHER

Ich wünsche dir
dass ein Stern aufgeht
über deinem Leben
ein Stern, der die Schatten und die Dunkelheit vertreibt
  Angst und Verzagtheit
  Verzweiflung und Leere
Ein freundlicher Stern
  ein Stern der guten Hoffnung
  ein Gottesstern
  ein Jesusstern
  ein Friedensstern
ein Stern, der dein Leben hell macht
ein Stern der Gewissheit und des Vertrauens
ein Stern großer Liebe und übergroßer Freude

Gerhard Heilmann

SEGENSWUNSCH

Der Herr
berge dich in seiner liebenden Hand
und lasse seine Engel über dich wachen

Seine Liebe umhülle dich
als wärmender Mantel
bis du ganz geborgen bist

Er sende dir einen Stern

Carola Vahldiek

MEIN WUNSCH FÜR DICH

Ich wünsche dir eine gesegnete Festzeit.
Man sagt das so hin: „Gesegnet“.
Aber was bedeutet das?

Segen – das ist die Kraft, die bewirkt,
dass etwas wächst und gedeiht.
Wenn wir einander eine gesegnete Zeit wünschen,
dann bedeutet das,
es möge in dieser Zeit in jedem von uns etwas wachsen
und gedeihen,
so dass aus uns mehr wird, als wir vorher waren,
und es bedeutet,
es möge durch uns und unsere Bemühung
etwas wachsen und reifen in anderen Menschen.
Wenn wir einander
ein gesegnetes Weihnachtsfest wünschen,
dann ist der Sinn dieses Wunsches der,
dass der neue Mensch, der christusförmige,
in jedem von uns
lebendig wird und wächst
und ans Licht kommt.

An Weihnachten geht es nicht nur um
die Geburt Christi
damals vor 2000 Jahren in Bethlehem,
sondern vor allem darum, dass dieser Christus
in uns Raum gewinnt und durch uns wirkt.
Ich wünsche dir, dass die Heilige Nacht
in dir diesen neuen Menschen,
den Christus in dir, weckt.
Was sollte in den Stunden des Festes
wichtiger sein als dies?

Jörg Zink

Jesus ist glücklich,
zu uns zu kommen:
als die Wahrheit,
die gesagt werden will,
als das Leben,
das gelebt werden will,
als die Liebe,
die geliebt werden will,
als die Freude,
die weitergegeben werden will,
als der Friede,
der verbreitet werden will.

Mutter Teresa

Wenn du vor dem Kind stehst,
leg die lauten Worte ab,
die Waffen deines verkarsteten Wesens.
Den Liedermantel leg an, Lächeln und
zärtliche Gesten.
Mit Träumen,
dem Gewand deiner Hoffnung
steh vor dem Kind.

Ingrid Pacher

BITTEN ZUM NEUEN JAHR

Lass deine Worte durch meinen Kopf gehen und
führe mich gelegentlich in die Nähe deines Himmels.
Lehre mich, vermeintlich schwierige Dinge
gedanklich so zu durchdringen, dass daraus,
ganz selbstverständlich,
die Hoffnung eines neuen Anfangs erwachsen kann.
Lenke meine Aufmerksamkeit auf sichtbare Not,
dass ich hinsehe
und mich in der Kunst des Zusammenfühlens übe.
Bewege mich durch die Kraft deiner Liebe
und schenke mir
in diesem neuen Jahr noch mehr Gespür und Vertrauen
in andere, in mich selbst und
in die feinen Schwingungen des Unsichtbaren.

Angelika Wolff

Großer Nachthimmel
des zuende gehenden
Jahres
Schick deine
Boten aus
zu sagen:
Erwacht!
zu sagen:
Trost ist gewiß!
Hoffnung erwächst
aus dem Reif
Das gefrorene Herz
– es taut –
wenn die Schwinge
der Liebe
dich rührt.

Ju Sobing

DREIKÖNIGSSEGEN

möge der stern dich
zu christus führen
dem gott
der in dir mensch wird

mögest du
das gold in dir
sehen können
deinen eigenen
unzerstörbaren wert

mögest du
den weihrauch entdecken
die heiligkeit des lebens
die sich in dir ausdrückt

mögest du
der myrrhe in dir
gewahr werden
der heilenden kraft
der liebe

mögest du
all deine gaben
verschenken
ohne angst
ohne erwartung
aus ganzem herzen
und mit all deiner kraft

Katja Süß

ALLES BEGINNT MIT DER SEHNSUCHT

Der blaue Himmel,
das endlose Band der Straße –
der Mensch sieht ein Sinnbild des Lebens darin.

Immer ist im Herzen Raum
für mehr, für Schöneres und Größeres.
Immerfort sich hinstrecken
auf ein Kommendes –
das ist des Menschen Größe und Not.

Sehnsucht nach Verstehen,
nach Freundschaft, nach Liebe.
Und wo Sehnsucht sich erfüllt,
dort bricht sie noch stärker auf:
dass es so bleibe,
dass es nicht vorübergehe.

Fing nicht auch deine Menschwerdung, Gott
mit dieser Sehnsucht nach dem Menschen an?
So lass nun unsere Sehnsucht damit anfangen,
dich zu suchen,
und lass sie damit enden, dich gefunden zu haben.

Nelly Sachs

Wenn wir wüssten,
wie gerettet
in ein Haus von Sinn
wir sind,
wir machten uns auf
zu liebevollem, erleuchtetem Hiersein.

Traugott Giesen

Mit Texten von:
Reinhard Ellsel: S. 8 aus: ders., Leben mit Rückenwind, © 2009 Reinhard Kawohl Verlag, Wesel; S. 12 © beim Autor. **Regina Giese**: S. 11, © bei der Autorin. **Traugott Giesen**: S. 39, © beim Autor. **Margareta Hansson**: S. 19, © Carola Merkel. **Gerhard Heilmann**: S. 23, © beim Autor. **Ingrid Pacher**: S. 31, Quelle unbekannt. **Nelly Sachs**: S. 38 aus: dies., Gedichte, © Suhrkamp Verlag, Frankfurt/M. 1977. **Ju Sobing**: S. 34, © bei der Autorin. Katja Süß: S. 9, 36-37, © bei der Autorin. **Mutter Teresa** (1910-1997): S. 30. **Waltraud Thomas**: S. 20-21, © bei der Autorin. **Carola Vahldiek**: S. 25, © bei der Autorin. **Verfasser unbekannt**: S. 16-17. **Tina Willms**: S. 3, © bei der Autorin. **Angelika Wolff**: S. 4, 7, 33, © bei der Autorin. **Jörg Zink**: S. 15 aus: ders., Mehr als drei Wünsche © KREUZ VERLAG in der Verlag Herder GmbH, Freiburg i. Br. ^{4}2008, S.36; S. 27-29, © Verlag am Eschbach.

Trotz intensiver Recherche konnten wir leider nicht alle Rechteinhaber ermitteln. Für Hinweise sind wir dankbar.

Mit Bildern von:
Jan Engel/Fotolia.com (Umschlag, S.14), **Aamon/Fotolia.com** (S.10), **iadams/Fotolia.com** (S.17). Alle weiteren Bilder wurden erstellt unter Verwendung von Material von **senoldo/Fotolia.com**, **iadams/Fotolia.com, Aamon/Fotolia.com**.

Bibliographische Information der Deutschen Nationalbibliothek:
Die Deutsche Nationalbibliothek verzeichnet diese Publikation in der Deutschen Nationalbibliographie; detaillierte Daten sind im Internet über http://dnb.d-nb.de abrufbar.

ISBN 978-3-86917-152-4

Im Alten Rathaus/Hauptstr. 37
D-79427 Eschbach/Markgräflerland

www.verlag-am-eschbach.de

Gestaltung, Satz und Repro: Finken & Bumiller, Stuttgart.
Schriftvorlagen: Petra Eva Hauser, Münstertal.
Herstellung: Druckwerke Reichenbach, Reichenbach/Vgtld.

Manufakt

Dieser Baum steht für klimaneutrale Produktion, umweltschonende Ressourcenverwendung, individuelle Handarbeit und sorgfältige Herstellung.